AF260186

NOUVEAU
PETIT
ALPHABET FRANÇAIS,
SIMPLE ET FACILE,

POUR

Apprendre aux Enfans à Epeler
et à Lire.

PAR

A. KAPPELHOFF,

Maître d'Ecole, et Informateur de la Langue
Française et Hollandaise à Amsterdam.

à UTRECHT,

Chez O. J. VAN PADDENBURG ET O. J. VAN
DYK, Imprimeurs-Libraires,
l'An 1812.

AVANT-PROPOS

C'est une légère faveur âge, chers Enfans! que j'ai com-
... ouvrage. ... contient les Elemens les plus
... pour vous apprendre à Epeler et à Lire, et
... plus que la Langue Française vous est devenue
... J'ai voulu vous en frayer la voie par une
... qui, je me flatte sera des plus facile, et par-
là praticable à plusieurs autres, j'ai divisé les Leçons en
deux ... à Epeler, et à Lire.

Les Leçons à Epeler sont en formes de colonnes, sous les
quelles se trouvent de petites Lectures formées des mêmes
mots qui recomposent les colonnes, afin que les Enfans puis-
sent les Lire après les avoir épelés, prévenant par-là l'en-
... qui leur causent une série de mots détachés et va-
... et les encourageant sans-cesse par la jonction des
... les périodes à s'appercevoir à chaque leçon de
... L'Ecolier n'a qu'à reitérer la même Leçon
... soit en état de la lire couramment. Je ne
... point qu'en continuant de la sorte de leçon à leçon,
il ne fasse en peu de tems des progrès rapides.

Ces petites Lectures sont entièrement à la portée de l'Esprit de ceux aux quels elles sont destinées.

Puisse ce faible essai de mon zèle à l'avancement de la
Jeunesse Hollandaise coopérer en quelque sorte au bien de
...

... Novembre l'An 1812.

A. KAPFELHOFF,
Maître d'Ecole
à Amsterdam.

A 2

DES LETTRES ET AUTRES FIGURES.

Lettres Romaines.

A, B, C, D, E, F, G, H, I, J,
L, M, N, O, P, Q, R, S, T,
U, V, X, Y, Z.

a, b, c, d, e, f, g, h, i, j, l, m,
n, o, p, q, r, s, t, u, v, x, y, z.

Lettres Italiques.

A, B, C, D, E, F, G, H, I, J, L,
M, N, O, P, Q, R, S, T, U, V,
X, Y, Z.

(5)

*a, b, c, d, e, f, g, h, i, j, l, m, n,
o, p, q, r, s, t, u, v, x, y, z.*

Voyelles.

a, e, i, o, u, y.

Consonnes.

**b, c, d, f, g, h, j, l, m, n, p,
q, r, s, t, v, x, z.**

AUTRES FIGURES.

(´) Accent aigu.   (ç) Cedille.

(`) Accent grave.   (¨) Tréma.

(^) Accent circonflexe.   (') Apostrophe.

(,) Virgule.   (-) Trait d'union.

(.) Point.   (!) Signe admiratif.

(:) Deux points.   (?) Signe interrogatif.

(;) Point et Virgule.   ( ) Parenthèse.

Première Leçon.

Ba.	Bè.	Bé.	Be.	Bi.	Bo.	Bu.
Ca.	Cè.	Cé.	Ce.	Ci.	Co.	Cu.
Da.	Dè.	Dé.	De.	Di.	Do.	Du.
Ga.	Gè.	Gé.	Ge.	Gi.	Go.	Gu.
Qua.	Què.	Qué.	Que.	Qui.	Quo.	Quu.
Ha.	Hè.	Hé.	He.	Hi.	Ho.	Hu.
Ja.	Jè.	Jé.	Je.	Ji.	Jo.	Ju.
La.	Lè.	Lé.	Le.	Li.	Lo.	Lu.

Seconde Leçon.

Ma.	Mè.	Mé.	Me.	Mi.	Mo.	Mu.
Na.	Nè.	Né.	Ne.	Ni.	No.	Nu.
Pa.	Pè.	Pé.	Pe.	Pi.	Po.	Pu.
Qua.	Què.	Qué.	Que.	Qui.	Quo.	Quu.
Ra.	Rè.	Ré.	Re.	Ri.	Ro.	Ru.
Sa.	Sè.	Sé.	Se.	Si.	So.	Su.
Ta.	Tè.	Té.	Te.	Ti.	To.	Tu.
Va.	Vè.	Vé.	Ve.	Vi.	Vo.	Vu.

| Li. | Xa. | Xé. | Xe. | Xi. | Xo. | Xu. |
| Zi. | Zá. | Zé. | Ze. | Zi. | Zo. | Zu. |

Troisiéme Leçon.

Ab.	Eb.	Ib.	Ob.	Ub.
Ac.	Ec.	Ie.	Oc.	Uc.
Ad.	Ed.	Id.	Od.	Ud.
Af.	Ef.	If.	Of.	Uf.
Ag.	Eg.	Ig.	Og.	Ug.
Ah.	Eh.	Ih.	Oh.	Uh.
Al.	El.	Il.	Ol.	Ul.

Quatriéme Leçon.

Am.	Em.	Im.	Om.	Um.
An.	En.	In.	On.	Un.
Ap.	Ep.	Ip.	Op.	Up.
Ar.	Er.	Ir.	Or.	Ur.
As.	Es.	Is.	Os.	Us.
At.	Et.	It.	Ot.	Ut.

(8)

Cinquième Leçon.

Bla.	Blé.	Blê.	Ble.	Bli.	Blo.	Blu.
Bra.	Bré.	Brê.	Bre.	Bri.	Bro.	Bru.
Cha.	Ché.	Chê.	Che.	Chi.	Cho.	Chu.
Cla.	Clé.	Clê.	Cle.	Cli.	Clo.	Clu.
Cra.	Cré.	Crê.	Cre.	Cri.	Cro.	Cru.
Dra.	Dré.	Drê.	Dre.	Dri.	Dro.	Dru.
Fla.	Flé.	Flê.	Fle.	Fli.	Flo.	Flu.
Fra.	Fré.	Frê.	Fre.	Fri.	Fro.	Fru.
Gla.	Glé.	Glê.	Gle.	Gli.	Glo.	Glu.
Gna.	Gné.	Gnê.	Gne.	Gni.	Gno.	Gnu.

Sixième Leçon.

Gra.	Gré.	Grê.	Gre.	Gri.	Gro.	Gru.
Pha.	Phé.	Phê.	Phe.	Phi.	Pho.	Phu.
Phra.	Phré.	Phrê.	Phre.	Phri.	Phro.	Phru.
Pla.	Plé.	Plê.	Ple.	Pli.	Plo.	Plu.
Rha.	Rhé.	Rhê.	Rhe.	Rhi.	Rho.	Rhu.
Sca.	Scé.	Scê.	Sce.	Sci.	Sco.	Scu.
Spa.	Spé.	Spê.	Spe.	Spi.	Spo.	Spu.
Sta.	Sté.	Stê.	Ste.	Sti.	Sto.	Stu.
Tha.	Thé.	Thê.	The.	Thi.	Tho.	Thu.
Tra.	Tré.	Trê.	Tre.	Tri.	Tro.	Tru.
Vra.	Vré.	Vrê.	Vre.	Vri.	Vro.	Vru.

(9)

Septième Leçon.

Mots d'une Syllabe.

De.	Bleu.	Dieu.
J'ai.	Bon.	En.
Je.	Lieux.	Dois.
A.	Cieux.	Qui.
Ce.	Est.	Bons.
Et.	Ceux.	Fait.
Aux.	Sont.	Tout.
Lui.	Plaît.	Il.
Coeur.	Que.	Du.

Dieu est bon. Je lui dois tout ce que j'ai. Il fait
tout ce qu'il lui plaît aux cieux et en tous lieux. Il
fait du bien à ceux qui sont bons et droits de coeur.

Huitième Leçon.

Jean.	Et.	Quand.
An.	Au.	Paul,
Est.	Crois.	Faim,
Bon,	Ans.	Pas,
A.	Le.	Fruit,
Il.	De.	Vient.
Champ,	Huit.	Sain.
Jour,	Mûr.	Veut.
Du.	Je.	Où.
Qui,	Pain.	Sur,

Jean a faim, il veut du pain, et Paul veut du fruit qui n'est pas mûr. Ce fruit n'est pas sain, il n'est bon que quand il est mûr. Je crois que Jean a huit ans au jour de l'an. Où est Jean ? Il vient sur le champ.

Neuvième Leçon.

Fin.	Le,	Fis.
Y.	Car.	Gain.
Dans,	Gain.	Grand.
A.	Des.	Marc.
Du.	On.	Son.
Met.	Vois.	Crois.
Toux.	La.	Sacs.
Un.	Doux.	Miel.
Vin,	Bon,	Jours.
Voit.	Deux.	Prend.

Jean a la toux ; il prend du miel doux. Ce grain est bon, on le met dans des sacs. Marc voit que son vin est à la fin. Je le crois, car je le vois. Je fis un grand gain, il y a deux jours.

Dixième Leçon.

Joie.	Soin,	Voir,
Ai.	De,	Vous,
Ni.	Frit,	Bien,
Ans.	Foin.	La.
Pas.	Vais.	Du.
Moi.	Tous	Où,
Eaux.	Les.	Je.
Mon.	Spa,	Fait.
Foie.	Prends.	Est.
Oie.	Toi.	Ce.

J'ai bien de la joie de vous voir Jean. Qui a fait cela? Ce n'est ni moi, ni toi, c'est Marc. Jean n'a pas foin du foin. Il frit le foie de mon oie. Je vais tous les ans à Spa, où je prends les eaux.

Quatrième Leçon.

Fut.	Gai.	Mal.
Vous.	Plait.	Point.
Vi.	Quand.	Jours.
Car.	Soeur.	On.
Tout.	Ma.	Les.
Doux.	Vent.	Bon.
Bien.	Sac.	Sait.
Vais,	Lui.	Du.
Vient,	Chez.	Un.
Ne.	Crois,	Est.

Jean fait qu'on lui vent du bien. Je crois qu'on ne lui fait point de mal, car il est doux, bon et gai. Jean dit : Je vais tous les jours chez ma soeur, et Jean y vient quand il lui plait. C'est un sac à vent

Douzième Leçon.

Fait.	Eau.	Ai.
Lait.	Mais.	Ne.
Vin.	Tems.	Moi.
Frais.	Boit.	De.
Bien.	Pour.	Que.
Mal.	Thé.	Le.
Prend.	Des.	Yeux.
Bois.	Fois.	Mes.
Chaud.	Luc.	Font.
Me.	Dit.	Point.

Le lait frais est bon pour moi. Que boit-il? Il prend du thé? Je bois de tems en tems de l'eau et Marc prend du lait chaud. Luc je vous ai dit bien des fois que je ne bois point de vin; mais bien du vin et de l'eau. Le vin me fait mal. Jean mes yeux me font mal.

Treizième Leçon.

Rit.	Sel.	Ce.
Luc.	Chien.	Le.
Chat.	Point.	Veut.
Sait.	Miel.	Un.
Bu.	Car.	Du.
Lait.	Rat.	Ne.
Où.	Pas.	Qui.
Os.	Fait.	Pain.
Paul.	Tu.	Et.
Au.	Vois.	Que.

Luc ne vois-tu pas ce chien. Il a un os, et le chat un rat. Paul où est le lait? Je crois que c'est le chat qui l'a bu. Ne fait point de mal au chat, car il ne fait ce qu'il fait. Que veut-il? Du pain, du miel, du lait et du riz.

Quatorzième Leçon.

Si.	Bien.	Très.
Oui.	Joie.	Les.
Mieux.	Voir.	Jours.
Oh.	Mois.	Plus.
Es.	Qui.	Bons.
Jours.	Donc.	Sens.
Grand.	Veux.	Crois.
Fais.	Mon.	Sot.
Lis.	Cher.	Tout.
As.	Ton.	Coeur.

Oh! Jean tu es un grand sot, tu ne vois pas clair. Je crois que tu as peu de bon sens, si tu fais ce-ci; mais ce qui me cause de la joie, c'est de voir que tu lis mieux que tu n'as fait il y a un mois; fais donc tous les jours de plus en plus de ton mieux. Le veux tu bien Jean? Oui mon très-cher Marc, de tout mon coeur. Si tu fais de ton mieux, tu es bon garçon.

Quinzième Leçon.

Act.	Can.	Eu.
Air.	Cal.	Ere.
Arc.	Camp.	Fain.
Asth.	Cail.	Fait.
Bac.	Char.	Fer.
Bal.	Cher.	Fier.
Bail.	Choc.	Fils.
Bau.	Ciel.	Foi.
Bec.	Clerc.	Fond.
Bel.	Cloue.	Foi.
Bleau.	Clou.	Flux.
Bleu.	Cour.	Franc.
Blin.	Crin.	Gai.
Boi.	Cin.	Gau.
Boeuf.	Creux.	Gens.
Blou.	Dau.	Geant.
Bran.	Deuil.	Goin.
Bref.	Deux.	Gland.
Brou.	Dix.	Grec.
	Drap.	Gueux.

B

Hier. Nom. Sens.

Ict. Noir. Six.

Irc. Oeil. Soit.

Jau. Oint. Teau.

Jet. Oeuf. Trai.

Jeur. Près. Tes.

Joi. Peur. Tems.

Joing. Point. Trop.

Lait. Poix. Ut.

Leau. Plant. Urc.

Len. Plait. Vai.

Lei. Que. Vau.

Lie. Quand. Vent.

Loue. Quel. Veut.

Mais. Rend. Veux.

Mie. Roi. Vif.

Mou. Rien. Vit.

Muel Rouil. Vois.

Mot. Sai. Voeux.

Mieux. Sans. Zai.

Nerf. Sel. Zel.

Neuf. Sept. Zie.

(19)

Mots de deux Syllabes.

Ta - ble.	Li - vre.	As - seoir.
Fran - çais.	Sa - ge.	U - ne.
Gar - de.	Mon - sieur.	Hen - ri.
Co - co.	Al - lons.	Maî - tre.
E - tre.	Li - re.	Com - bien.
Dé - jà.	Ap - prend.	Com - me.
Di - rai.	Qua - tre.	Let - tres.

Henri apprend déjà à lire le Français. Allons mon Coco, il faut être sage comme une image, et prends bien garde à ce que ton Maître te dira. Viens t'asseoir sur ce banc, et mets ton livre sur la table. Combien de lettres y a-t-il bien dans l'a, b, c, Monsieur? Vingt-quatre.

Dix-septième Leçon.

Sau - ras.	Mar - ques.	Jus - qu'.
Di - ront.	Sur - tout.	Bien - tôt.
A - mi.	Pa - rens.	Com - ment.
Pei - ne.	Fe - rai.	Re - pos.
Don - ner.	Sa - ches.	Ac - cens.
Au - tres.	Vi - te.	Pren - drai.

Eh bien mon ami! Comment divise-t-on les lettres? En Voyelles et Consonnes. Tu ne dois pas lire trop vite jusqu'à ce que tu le saches. Oui Monsieur, je prendrai bien garde aux accens; et surtout aux points et aux autres marques de repos. Il faut te donner de la peine, tu sauras bien-tôt lire. Je ferai de bon coeur tout ce que mon Maître et mes Parens me diront.

(21)

Dix-huittème Leçon.

Pro - grès,	Con - tes,	Ai - fe,
Plai - fir,	Fe - rai,	Pe - tit,
En - fant,	Jo - lies,	Con - tent,
Sa - voir,	Li - ras,	Sau - rais,
Au - ras,	Cho - fes,	Se - ras,
Li - vres,	Al - lons,	Li - re,

Comme je ferai content quand je faurai lire. Je le crois bien mon petit ami, nous allons bien nous amufer. Car c'est un grand plaifir pour un Enfant de favoir lire feul. Tu auras des Livres, tu liras de jolies Chofes, des Contes, des Histoires. Je ferai de mon mieux pour faire des progrès dans mes études.

Dixneuvième Leçon.

Chif - frer.	Cra - yon.	Cou - sin.
Lou - is.	Pa - pier.	Ger - main.
Char - les.	Cra - ie.	Ba - din.
Pa - pa.	Ra - ies.	On - cle.
Des - sin.	Frè - re.	Vien - dra.
U - ne.	Ca - det.	De - main.
Ma - tin.	Ap - prend.	Rè - gle.
Cal - cul.	Noi - re.	Pro - mis.

Quand je saurai lire, J'apprendrai à Chiffrer à ce que le Maître m'a promis. Papa a dit que Charles apprend le Dessin et qu'il a un beau Crayon, du Papier de la Craye noire, une Règle, pour faire des Raies. Mon Frère cadet fait le Calcul chez mon Cousin germain, mais mon Cousin est trop badin, mon Oncle viendra demain au matin, à ce que Louis a dit.

Vingtième Leçon.

Cer - tain.	Pro - mis.	Ma - man.
Vi - lain.	Fai - re.	Chè - re.
Plain - dre.	Moi - neau.	Long - tems.
Mor - ceau.	Fa - çons.	Cha - peau.
Ai - me.	Prin - tems.	Au - ras.
Le - çon.	De - puis.	Si - tôt.
Don - ner.	El - le.	Tan - te.
Gra - ce.	Ga - teau.	Au - rai.

Jean ! tu sais qu'il est certain qu'il n'y a rien de plus vilain que de se plaindre d'un rien. J'aime fort ma chère Maman. Ma Tante m'a promis que sitôt que j'aurai dit ma Leçon que j'aurai un morceau de Gateau, et elle m'a promis depuis longtems de me donner un Chapeau neuf au Printems. Jean fais moi la grace de ne point faire de façons, tu n'auras pas ce beau Moineau.

Vingt et unième Leçon.

Bon-nes,	Ma-man,	Pe-tit,
Voi-là,	Trai-neau,	At-tends,
Foi-re,	En-fant,	Joi-e,
Mo-ment,	Quel-le,	Quil-les,
Be-soin,	Di-re,	Ja-ques,
A-vez,	Re-vient,	Pen-se,
Mer-ci,	Jou-joux,	Tou-jours,
Fou-et,	Che-val,	Pres-ser,

Louis j'ai de bonnes nouvelles à te dire, et quoi donc ma Soeur? Tiens voilà Maman qui revient de la Foire. Ha! ha! quelle joie! Attends un moment tu n'as pas besoin de te presser. Oh! Maman qu' avez-vous là? Des joujoux pour toi mon Enfant. C'est un petit Cheval, avec un Traineau et un Fouet pour Louis, mais ces Quilles sont pour Jaques. O! grand merci Maman, Tu vois que je pense toujours à toi.

Vingt-deuxième Leçon.

Ai-mez,	No-tre,	Man-gent,
Ver-tu,	A-yent,	Cou-chent,
Cho-se,	Sou-per,	A-vant,
Crain-dre,	Voi-sin,	Veu-lent,
Ce-ci,	Boi-vent,	Par-lent,
Ce-lui,	Res-tent,	Dan-sent,
Pei-ne,	Fran-çais,	Met-tent.

Les Enfans de notre Voisin sont si gais, qu'ils ne se mettent en peine de rien, ils Chantent, Sautent, Dansent, Boivent, Mangent, se Couchent et n'Apprenent rien ; mais les Enfans de ton Neveu Lisent et Parlent déjà fort bien le Français, ils sont fort sages, car ils restent toujours assis jusqu'à ce qu'ils sachent leurs Leçons, ils ne veulent ni Diner ni Souper, avant qu'ils ayent fait leur Tâche. Mon Papa dit toujours soyez Docile, aimez la Vertu plus que tout autre chose, car celui qui fait ceci, n'a rien à craindre.

Vingt - troisième Leçon.

Ac - cès.	Cri - ble.	Fa - got.
An - ge.	Choi - sir.	Fan - ge.
A - gneau.	Cir - cuit.	Four - gon.
A - ieul.	De - main.	Gloi - re.
An - gle.	Des - tin.	Ga - ge.
An - neau.	Der - nier.	Ge - nou.
Bai - gne.	De - çà.	Gru - meau.
Bro - yer.	Dé - tail.	Gra - ce.
Bi - gnet.	Dai - gné.	Goî - tre.
Brouil - lard.	Dou - ze.	Go - ber.
Ca - cher.	E - gard.	Gi - got.
Cé - der.	E - cu.	*Heu - reux.
Ci - re.	E - cart.	*Hui - tre.
Clas - se.	Ex - cès.	*Hô - te.
Ca - chet.	Fu - taie.	Ha - che.
Ca - ge.	Fem - me.	*Hon - neur.
Chas - seur.	Fa - çon.	Ha - gard.
Cham - bre.	Fei - gnant.	Hau - tain.
Ci - ron.	Feuil - le.	I - vre.

Les H marqués d'une * ne s'aspirent pas.

In-fant.	Nui-fe.	Ra-cle.
In-duit.	No-ce.	Ra-ge.
Jas-min.	Oi-feau.	Ré-veil.
Jar-gon.	Or-gue.	Sa-ge.
Jan-vier.	Oi-gnon.	Si-gnal.
Jo-yeux.	Ob-jet.	Sou-per.
Li-cou.	Oc-troi.	So-leil.
Lo-ge.	Ou-vrons.	Sai-fir.
Lan-gue.	Pa-ge.	Tail-le.
Lar-ge.	Plain-dre.	Tou-ché.
Le-çon.	Pein-dre.	Toi-fe.
Lo-ger.	Poi-gner.	Tra-çais.
Li-gne.	Pa-pier.	Vo-gua.
Man-gé.	Pro-cès.	Voi-ci.
Mi-roir.	Quoi-que.	Vi-gue.
Mic-mac.	Quin-te.	Va-fe.
Mo-queur.	Quo-te.	Yeu-fe.
Mu-gir.	Ré-gle.	Y-preau.
Na-feau.	Re-coir.	Zé-ro.
Na-ge.	Roi-de.	Zé-le.
Na-gula.	Re-çus.	Zo-ne.

Vingt-quatrième Leçon.

Mots de trois Syllabes.

Hon - nê - te.	Pré - ve - nant.
Va - can - ces.	Tour - men - ter.
Tri - co - taient.	A - ni - mal.
E - cri - vaient.	Cal - cu - laient.
Car - res - fant.	Mal - trai - ter.
Cou - fi - nes.	E - pa - gneul.

Jean! Jean! il faut être honnête et prévenant pendant la vacances, il ne faut jamais maltraiter tes Frères ni tes Soeurs, il ne faut pas tourmenter l'Epagneul Crois moi, il est méchant, il te mordra, le Chien est un Animal bien caressant. Les petits Enfans qui lui font du mal font méchans. Vois tes Soeurs et Coufines ont été bien plus sages, elles Ecrivaient, Calculaient et Tricotaient fort bien.

(31)

Pro - me - ner.   Che - mi - née.

Sa - ge - ment.   As - sem - blée.

Pro - me - naient.   Cou - si - ne.

Re - con - naît.   Grand' - ma - ma.

Ra - con - ta.   Gou - ver - neur.

Grand' - pa - pa.   Al - lar - mée.

Charles fi tu fais ta Leçon et que tu aies fait ton Thème tu iras te promener avec ta Cousine. Le Gouverneur de ton Cousin Jaques me raconta, que quand il se promenait avec les Enfans, ils raisonnaient fort sagement pendant la promenade, ils lui racontaient beaucoup de chofes de leur Grand'papa et de leur Grand'mama, et il me dit, qu' à leur retour l'Assemblée fut un peu allarmée; car par l'imprudence des Domestiques, le Feu avait pris à la Cheminée.

Vingt-sixième Leçon.

Ap-pé-tit.	Di-man-che.
De-man-da.	Men-di-ant.
Bé-ni-ra.	Ver-tu-eux.
Es-ca-lin.	Spa-ci-eux.
Au-mô-ne.	Cu-ri-eux.
Mal-heu-reux.	Man-gea-mes.

Je rencontrai Dimanche passé hors la Porte d'Utrecht un Mendiant qui nous demanda l'Aumône, il n'était couvert que de haillons. Je lui donnai un Escalin, que j'avais reçu hier de mon Oncle. Il me dit, mon petit ami, Dieu vous bénira. Mon Papa dit, on peut être malheureux quoi qu'on soit vertueux. Oh! le Jardin de mon Oncle, est fort spacieux et j'étais bien curieux de le voir; nous y mangeâmes avec appétit.

Vingt-septième Leçon.

Fa - ti - gué.	Na - net - te.
Ven - gean - ce.	Mo - què - rent.
Jar - di - nier.	Con - fo - la.
Pro - me - ner.	Lou - i - fe.
Chan - gean - te.	Pa - pil - lon.
Li - ber - té.	E - chap - pa.
Tr - ju - re.	Ir - ri - té.

Quand nous arrivâmes à la Maifon, j'étais fort fati-
gué. O Maman ! le jardinier est un Homme fort obli-
geant, mais fa Femme est changeante. Nous eûmes la
liberté de promener au Jardin, ma Coufine Nanette et
Louife attrapèrent un joli Papillon, elles me l'apportè-
rent, mais il m'échappa malheureufement de la main,
elles fe moquèrent de moi. J'étais fort irrité contre
elles. Ma Tante me confola et dit on ne doit jamais
tirer vengeance d'une Injure.

Vingt-huitième Leçon.

Dom - ma - ge.

Ce - ri - fes.

Pe - ti - te.

Ra - con - té.

Chi - rur - gien.

Gim - gem - bre.

Or - don - nant.

Ha - bi - le.

E - pi - nes.

Or - don - na.

Es - to - mac.

Gé - né - reux.

Re - me - des.

E - tran - ger.

De - bi - te.

Men - fon - ges.

Quel plaifir tu as eu hier mon Enfant. Oui Maman! il fait très beau à la Campagne. C'etait dommage que les Cerifes ne fuffent pas mûres. Je voulus cueillir des Rofes, mais je me bleffai aux Epines, ma petite Coufine a eu hier une Hémorrhagie à ce que le Chirurgien a raconté à Papa. Je me plaignis de mal d'Estomac, il m'ordonna de prendre du Gimgembre, il est fort généreux en ordonnant des Remedes; mais je n'aime pas les Drogues. Le Valet de Grand'papa est fort habile quoi qu'il foit étranger, mais il debite des Menfonges.

(34)

Vingt-neuvième Leçon.

A - mor - cé.	Gri - ma - ces.
Chan - del - le.	Cha - gri - nes.
Char - man - te.	A - ni - mal.
Au - jourd' - hui.	Frap - pe - rai.
An - toi - ne.	Pré - vo - yais.
Char - lot - te.	Mal - heu - reux.
Gron - deu - se.	Han - ne - ton.

Charlotte! il ne faut pas être grondeuse et ne pas faire des grimaces; ta Sœur est bien plus sage, elle est charmante et enchante par sa conduite. Pourquoi te chagrines tu, Antoine? O ma chere Maman! le Chat a mangé mon Hanneton. O vilain Chat! Je te frapperai bien fort, mais je prévoyais bien ceci mon ami, car tu as amorcé le Chat et le pauvre Animal n'a pas plus d'esprit; tu es bien malheureux aujourd'hui. Manon! ne joue pas avec la Chandelle.

Trentième Leçon.

A - ni - mal.	Ba - lai - ne.
Con - nais - se.	An - guil - le.
Ci - trouil - les.	Es - tam - pes.
Pu - pi - tre.	Gro - seil - les.
Cor - beil - le.	Pa - res - seux.
Gre - nouil - le.	E - cu - reuil.
Bou - teil - le.	En - douil - les.
Len - til - les.	A - che - té.

Tu as sommeil mon Enfant ; il ne faut pas être paresseux : si tu es sage, tu auras une Corbeille avec des Groseilles. Où est ton livre d'Estampes, que Papa a acheté pour toi ? Il est sur le Pupitre. Le voici Maman ! Quelle bête est ceci mon petit Ami ? C'est un Ecureuil ; et ceci ? Une Balaine, le plus grand animal qu'on connaisse ; et ceci ? Une Grenouille ; et ceci ? Une Anguille ! Tenez Maman ! voila une Bouteille. Oui mon Enfant, mais elle est vuide. C'est dommage ! il soif, car j'ai mangé des Andouilles, des Citrouilles et des Lentilles.

Trente et unième Leçon.

É-cri-virent.	No-tai-re.
Ser-ru-rier.	Cor-don-nier.
Mu-si-cien.	Me-nui-sier.
En-tre-tien.	Ton-ne-lier.
Que-rel-les,	A-mu-sèrent.
Cha-pe-lier,	Pré-cep-tes.
Vo-lon-tés,	Per-ru-quier.
Res-pec-ter.	Cla-ve-cin.

«Papa! je me souviens bien de l'entretien de mon Bisaïeul; il donna de très bons préceptes. Les Garçons de notre Voisin sont de bons Musiciens, mais ce sont de méchans Garçons. Etant à l'Ecole ils cherchent toujours querelle aux fils du Cordonnier, du Chapelier, du Menuisier, du Serrurier, du Tonnelier et du Perruquier. Mon Maître dit, qu'il faut respecter les volontés des siens. Les Filles de mon Cousin le Notaire, écrivirent, jouèrent du clavecin, et s'amusèrent hier toute la journée avec mes Soeurs.

Trente Deuxième Leçon.

A - bré - ger.
A - bré - gent.
A - ga - cer.
As - fié - ger.
A - gi - le.
A - gis - fant.
A - van - cer.
A - go - nie.
Ac - ce - der.
Ad - ju - ger.
As - per - ge.
A - veu - gler.
Bar - gui - ner.
Bou - ger - te.
Bé - cas - fe.
Ba - lan - cer.
Ba - ga - ge.
Bo - ca - ge.
Bi - ga - mo.
Ca - ca - o.

Ca - che - ter.
Cin - quan - te.
Cir - con - cis.
Ca - jo - ler.
Cé - ci - té.
Châ - tai - gne.
Chan - ge - ment.
Cin - g'a - ge.
Co - car - de.
Cym - ba - le.
Dai - gne - rent.
Dé - cen - ce.
Dé - ci - der.
Dis - cu - ter.
Dé - char - ger,
Di - gne - ment.
De - cam - per.
Do - ci - le.
E - cos - fer.
E - cou - te.

E - gli - fe.
E - lar - gir.
E - par - gner.
En - chan - ter.
E - pi - ces.
En - ga - ger.
En - gen - dre.
Fac - ti - on.
Fa - cul - té.
Fla - geo - let.
Fas - ci - ner.
Fé - cu - le.
Fi - an - ças.
For - ce - rai.
Ga - zouil - ler.
Gar - go - ter.
Ga - geu - fe.
Gra - ci - eux.
Go - guil - le.
Gym - ni - que.

Ha - ran - gue,	Li - na - ge,	Né - gli - ger,
Ha - la - ge,	Lon - gè - rent.	Né - go - ce.
Ha - gar - de,	Lu - mi - gnon.	Neu - vai - ne,
*Her - ba - ge.	Ma - gi - cien,	No - vi - ce.
*Hor - lo - ger,	Ma - ga - fin.	Nu - a - ge.
*Hu - mi - de,	Ma - jes - té.	Nup - ti - al.
*Hy - fo - pe,	Ma - gui - gnon,	Ob - jec - tif.
I - gna - re,	Ma - zet - te.	Ob - ftruc - tif;
I - gno - rant,	Men - ti - on.	Ob - fta - cle,
In - ci - dent,	Mes - u - fer.	Oc - ci - put.
In - cul - per,	Mi - gnon - ne.	Oeil - la - de,
In - gra - te,	Mon - ta - gne.	Oi - fi - re.
In - ftan - ce,	Mor - di - cant.	Om - bra - ge.
Ja - lou - fe.	Mo - yen - ner,	Pa - ca - ger,
Jeu - nes - fe,	Na - cel - le.	Par - ca - ge.
Joi - gnan - te,	Na - geu - fe,	Pé - ga - fe.
Ju - ge - ment,	Na - geoi - re,	Pé - cu - lat,
La - mi - noir,	Nau - fra - ge,	Pha - lan - gue,
Lan - ga - ge,	Na - vi - guer.	Pi - co - tin.
Lé - gu - me.	Nau - fa - ge.	Pré - co - ce.

Les H marquées d'une * ne s'aspirent pas.

Pro-lon-ger.	Sci-a-ge.	Ra-can-ce.
Pro-phè-te.	Scor-pi-on.	Ra-car-me.
Qua-li-té.	Se-con-der.	Veil-leu-se.
Quan-ti-té.	Soi-gneu-se.	Ver-ti-cal.
Quel-le-ment.	So-phis-te.	Ver-meil-le.
Qua-tre-ce.	Spi-ci-eux.	Veu-va-ge.
Quo-ti-té.	Sub-jonc-tif.	Vieil-les-se.
Ra-gou-ter.	Suc-com-ba.	Vi-go-gne.
Ra-jeu-nir.	Syl-la-be.	Vi-nai-gre.
Ra-va-gent.	Tail-la-der.	Vir-gi-nal.
Ré-di-geant.	Ta-pa-ge.	Vis-queu-se.
Ram-pla cer.	Tes-ta-cé.	Va-qué-rent.
Ré-gi-de.	Ti-gres-se.	Vol-ti-gent.
Fu-tu-le.	Tra-gi-que.	Vol-ti-geant.
Ros-si-gnol.	Tri-an-gle.	Vo-ya-gent.
Rou-gno-te.	Tron-çon-ner.	Vul-gai-re.
Sac-ca-ger.	Tu-tri-ce.	Za-cin-the.
Sa-ges-se.	U-rie-me.	Zé-la-teur.
San-gui-ne.	U-sa-ge.	Zin-zo-lin.
Sau-va-ge.	U-san-ce.	Zi-za-nie.

Trente troisième Leçon.

Mots de quatre Syllabes.

Or-tho-gra-phier.   Di-li-gen-ce.
Gar-de-ro-be.   Jus-ti-fi-er.
La-by-rin-the.   Ba-lan-çoi-re.
Cail-lou-ta-ge.   Fa-go-ta-ge.
Hu-gue-not-te.   Ac-ces-si-ble.

Charles. Nous vous souhaitons le bonjour, Papa et Maman!

Papa. Nous vous en souhaitons autant, mes chers Enfans! D'où vient-il que vous êtes levés de si bonne-heure?

Henri. Parce qu'il faut que nous apprenions nos Leçons avant d'aller à l'Ecole, Papa! car c'est l'ordre du Maître.

Papa. Vous faites fort bien. Mais sais tu déjà lire Charles?

Charles. Non Papa! nous ne faisons qu'Epeler, comme Papa peut voir; nous n'avons qu'un Livre à Orthographier.

Papa. Voyons! nous allons voir, qui de vous deux sait épeler le mieux, toi ou ton Frère. Je vais te dicter quelques mots, et celui qui commettra le moins de fautes aura un beau Prix. Commence : Accessible, Balançoire, Caïlloutage, Diligence, Huguenotte, Fagotage, Garderobe, Justifier, Labyrinthe.

Trente quatrième Leçon.

Vo - ya - geu fe.	Dif - fi - ci - les.
At - ten - ti - on.	Sa - ga - ci - té.
Sy - na - go - gue.	Ul - té ri - eur.
Vé - hé - men - ce.	Jour na - lis - te.
Né - gli - gen - ce.	Po - ly - ga - me.
Om bra geu - fe.	Rec - ti - li - gne.
Lan gui neu - fe.	Vi - gi - lan - ce.

Papa. Allons mon ami ! c'est à ton tour. Nous allons voir si tu épelles si bien que ton Frère Charles.

Henri. Je l'espére, Papa ! mais mon Frère a été six mois avant moi à l'Ecole. Malgré tout cela, je ferai de mon mieux, et je ne doute pas que je ne vous satisfasse, si Papa veut avoir la bonté de me dicter quelques mots, mais pas trop difficiles, Papa.

Papa. Ce sont des excuses, je te connais, fais seulement attention ; je te dicterai des mots qui ne seront pas plus difficiles que ceux que j'ai dictés à ton Frère, mais il faut faire attention à ce que tu fais. Voyons. Journaliste, Languineuse, Magnanime, Négligence, Ombrageuse, Polygame, Rectiligne, Sagacité, Synagogue, Ultérieur, Véhémence, Vigilance, Voyageuse,

Trente cinquième Leçon.

Zo-o-lo-gie.   Mag-ni-fi-que.
U-ni-ver-fel.   Lou-an-geu-fe.
Trans-fi-gu-rer.   Ju-da-i-fer.
Stig-ma-ti-fer.   Ga-zouil-le-ment.
Ren-ga-ge-ment.   Fra-gi-li-té.
Po-ly-gra-phe.   Il-lé-ga-le.
Oc-cu-ren-ce.   Hé-ma-go-gue.
Em-bras-fu-re.   En-gor-ge-ment.

Papa. Cela va passablement, Henri! mais tu as trois fautes mon Cher! Il faut que tu fasses cela mieux une autre fois. Nous comencerons de réchef.

Henri. A qui est-ce à commencer Papa?

Papa. C'est le tour de ton Frère.

Charles. Je suis prêt, quand il vous plaira.

Papa. Lentement, ne te presse pas, car en pressant trop l'Aiguille on la perd, dit le Proverbe. Fais donc Attention: Engorgement, Embrassure, Zoologie, Hé-magogue, Universel, Magnifique, Louangeuse, Judaï-fer, Gazouillement, Occurence, Polygraphe, Transfi-gurer, Fragilité, Stigmatifer, Illégale.

Trente sixième Leçon.

Quin - tes - sen - ce.		E - chan - gea - ble.

Né - cro - lo - gue.		Ca - li - gra - phe.

U - ni - que - ment.		Dé - gé - nè - rent.

Ac - cu - sa - tif.		La - co - nis - me.

In - ci - vis - me.		Gi - ber - ciè - re.

Papa. Allons donc! nous allons voir qui aura ce beau livre d'estampes, toi ou ton Frère; mais tu sais bien que tu as commis là deux fautes grossières, et uniquement par ta propre faute.

Henri. Ah Charles! c'est mon tour. Je tâcherai de faire comme toi voir.

Charles. Tu ne l'es pas encore mazette.

Papa. Je vous en prie mes Enfans! soyez sages et ne vous disputez pas; car de cette manière, vous ne l'aurez ni l'un, ni l'autre.

Henri. Mon Papa! je serai sage. C'est Charles qui se dispute toujours.

Papa. Et ça terminons: Accusatif, Caligraphe, Dégénèrent, Echangeable, Incivisme, Giberciere, Laconisme, Nécrologue, Quintessence.

Gri - ma - cie - re,

Dé - com - po - fant.

Ver - mi - cel - le,

Im - be - ci - le.

Na - ti - on - ner,

Ef - fi - ça - ble,

[...] Eh bien, mon Enfant! tu as fait de ton mieux; [...] ton Frère n'a que trois traits, et tu [...] il n'est que juste que Charles remporte le [...] Chéro! voilà ce que je t'ai promis.

[...] Grand merci, Papa!

[...] Henri. il ne faut pas être fâché contre ton [...] épelé bien ces mots qui sont imprimés [...], que je trouve là, tu auras aussi quelque [...]. Commence donc!

[...] hideuse, Naffifonber, Organiser, Présom-[...], Cabaretier, Effaçable, Décompo-[...], Omelette, Grimacière, Vermicelle. Cela [...] paffablement! Tiens! voilà un Ecu de [...] pour toi. Si tu es sage, nous irons nous pro-[...] le déjeûner.

[...] Charles. Volontiers, mon cher Papa!

Trente huitième Leçon.

Joy - eu - fe - ment.   Con - fi - dé - rer.
Re - mar - qua - bles.   As - fi - dui - té.
Hex - a - go - ne.   In - dus - tri - e.
Har - di - es - fe.   Mer - veil - leu - fes.
O - bé - is - fent.   Ad - mi - ra - bles.
Ré - gu - liè - res.   Ap - pré - hen - de.

Charles. Qu'il fait beau à la Campagne, Papa!

Papa. Oui, mon Enfant! mais fais tu bien qu' est ceci?

Charles. Ce font des Ruches. Tiens! voici l'essaim qui en fort. Je vais le confidérer de près.

Papa. Mais j'appréhende que ta hardiesse te foit payée de quelques piqûres. Sois prudent de ne pas y toucher.

Charles. o Papa! je les trouve admirables.

Papa. Elles font furtout remarquables par l'Assiduité et l'Industrie, avec lesquelles elles construifent leurs Cellules de cire, fi régulières de forme Hexagone. Elles les remplissent de miel. Elles ne font pas moins Merveilleuses par l'ordre étonnant, qu'elles font paraître dans leur travail.

Charles. D'où vient-il, Papa! qu'elles restent fi régulièrement ensemble?

Papa. C'est qu'elles obéissent à leur Reine, qui est leur Mère commune, et elles la fuivent partout joyeusement.

Trente neuvième Leçon.

Ra - pi - de - ment.	In - ftruc - ti - ve.
Re - de - va - ble.	Par - fai - te - ment.
Bel - li - queu - fes.	Cru - el - le - ment.
Ra - con - te - rai.	Sa - tis - fe - rai.
Da - van - ta - ge.	Ré - pu - bli - que.
A - rai - gné - e.	Re - tour - ne - rons.

Papa. Je te raconterai encore bien des chofes de ces Bêtes.

Charles. Quand il vous plaira, Papa! Je fuis curieux d'en favoir davantage.

Papa. Je fatisferai ton défir. Ecoute donc, Charles! Les Ouvriers font armés d'un Aiguillon. Vers l'automne, elles affaillent les Bourdons, les chaffent et les tuent cruellement.

Charles. Sont elles fi belliqueufes?

Papa. Oui! mais quoique ces combats aient lieu dans cette Republique, le bon ordre s'y conferve non obftant parfaitement?

Charles. Mais d'où tirent elles la Cire et le Miel fi rapidement.

Papa. Elles recueillent la Cire et le Miel du fond des calices des Fleurs, tandis que les Araignées expriment du poifon de ces mêmes Fleurs.

Charles. Je vous fuis très redevable de vos fages Inftructions, Papa!

Papa. Oui! cette Leçon est fort inftructive à votre âge; mais ne retournerons nous pas, car il commence à pleuvoir.

Quarantième Leçon.

In - di - vi - du.	Con - nais - san - ces.
So - ci - é - té.	In - fi - ni - ment.
Af - fai - blis - sent.	Pré - ci - eu - ses.
Es - sen - ti - el.	Mag - ni - fi - que.
Ne - ces - sai - res.	Der - nie - re - ment.

Papa. Mon cher Jean! ne fera-t-il pas bientôt tems de choisir quelque métier? Dis-moi ce que tu feras dans le Monde pour gagner ton pain.

Charles. Si j'avais les connaissances nécessaires, je voudrais apprendre le métier de Sculpteur.

Papa. Dernierement tu me dis, que tu aimerais infiniment mieux devenir Bijoutier, et d'avoir une magnifique Boutique.

Charles. C'est vrai Papa! mais mes yeux s'affaiblissent trop par la vue des richesses précieuses, qui s'y trouvent.

Papa. Je suis obligé d'avouer que cet état a beaucoup d'attraits; mais que le Sculpteur est un Individu moins essentiel à la Société qu'un Charpentier ou Maçon, qui quoique moins distingués, contribuent bien plus bien-être de l'humanité.

Charles. C'est vrai, Papa!

Quarante-unième Leçon

Ad-mi-ra-bles.	E-nor-me-ment.
E-blouis-se-ment.	Mi-cros-co-pes.
Pro-pri-é-tés.	Phi-si-ci-en.
Lu-mi-nai-res.	Ré-con-nai-tre.
Mer-veil-leu-ses.	Né-ces-si-té.

Papa. N'As-tu donc pas envie de devenir Physicien, tu es amateur de voir par tes Microscopes?

Charles. Oui, Papa! parceque les Objets grossissent énormément; car en considérant une Mouche par cet Instrument, elle grossit tellement, qu'on la prendrait pour un Éléphant. Et quelles admirables propriétés ont les Lunettes d'approche! elles nous représentent les Personnes quelque éloignées qu'elles soient, aussi distinctement que si elles se trouvaient devant nous.

Papa. Outre cela, quelque soit l'éloignement des Corps célestes, les Télescopes nous représentent ces Luminaires sous des formes monstrueuses.

Charles. Mon Maître disait qu'on devrait reconnaître la nécessité de cette merveilleuse étude, et je me sens en effet porté à me livrer à cette noble Profession.

Papa. Nous verrons quels progrès tu feras.

Quarante deuxième Leçon.

Mots de quatre Syllabes.

A - bais - se - ment.	Ca - la - mi - teux.
Ab - sti - nen - ce.	Ca - no - ni - que.
Ac - cor - dail - les.	Car - mi - na - tif.
A - char - ne - ment.	Cein - tu - ron - nier.
A - no - ny - me.	Cha - mar - ru - re.
As - tro - lo - gue.	Char - bon - né - e.
A - veu - gle - ment.	Cro - qui - gno - le.
Ba - lan - ce - ment.	Cy - lin - dri - que.
Ba - yon - net - te.	Dan - ge - reu - se.
Bi - tu - mi - neux.	Dé - bor - de - ment.
Bi - zar - re - ment.	Dé - ca - lo - gue.
Bo - ta - ni - que.	Dé - pouil - le - ment.
Bou - ton - niè - re.	Des - po - tis - me.
Bre - douil - le - ment.	Di - xiè - me - ment.
Bu - cen - tau - re.	Dou - lon - reu - se.
Buis - son - niè - re.	Duc - ti - li - té.

E - bé - nis - te.
E - lé - gan - ce.
E - mail - lu - re.
Em - bau - me - ment.
En - ga - gean - tes.
En - tre - pren - dre.
Es - car - mou - che.
Ex - i - gi - ble.
Fa - bri - ca - teur.
Fa - go - tail - ler.
Fé - bri - fu - ge.
Flam - bo - yan - te.
For - mel - le - ment.
Fu - né - rail - le.
Fur - ti - ve - ment.
Gail - lar - de - ment.
Ga - zouil - le - ment.
Gi - gan - tes - que.
Gué - ris - sa - ble.
Ha - bil - le - ment.

Hé - bra - i - que.
Hex - a - mè - tre.
His - to - ri - que.
Ho - ros - co - pe.
Hui - tiè - me - ment.
Hy - po - thé - quer.
Im - pru - den - ce.
Im - plo - ra - ble.
In - at - ten - du.
In - gé - ni - eux.
In - struc - ti - ve.
Ir - rup - ti - on.
Ja - nis - sai - re.
Jou - is - san - ce.
Ju - da - i - que.
Jus - ti - fi - ant.
La - bou - ra - ge.
La - co - nis - me.
La - té - ra - le.
Le - gis - la - teur.

D

Lo - ca - tai - re.	Ou - bli - eu - fe.
Lou - ce - ble - ment.	Pai - fi - ble - ment.
Mar - chan - di - fe.	Pal - pi - tan - te.
Mer - veil - leu - fe.	Pa - ra - gra - phe.
Mi - gnar - di - fe.	Par - che - mi - nier.
Mo - na - ca - le.	Pa - ro - xis - me.
Mous - que - tai - re.	Per - cep - ti - ble.
My - ri - a - de.	Per - tur - ba - teur.
My - fte - ri - eux.	Phi - lo - fo - phe.
Na - ï - ve - ment.	Pi - rou - ët - te.
Na - vi - ga - ble.	Pois - fon - nail - le.
Né - bu - leu - fe.	Por - trai - tu - re.
Né - gli - gem - ment.	Pré - vo - yan - ce.
Né - phré - ti - que.	Qua - ran - tiè - me.
Neu - viè - me - ment.	Quin - tes - fen - ce.
No - vi - ci - at.	Quo - ti - di - en.
O - bé - is - fant.	Ra - bo - teu - fe.
Oc - ci - den - tal.	Rai - fon - na - ble.
Or - gueil - leu - fe.	Ré - char - gea - mes.
Or - tho - do - xe.	Re - cueil - le - ment.

Ro - ma - nes - que.	Té - né - breu - se.
Ro - ya - li - té.	Ti - rail - le - ment.
Sa - cri - lé - ge.	Trans - fu - si - on.
Schis - ma - ti - que.	Tran - qui - li - té.
Sé - che - res - se.	Tri - co - lo - re.
Sen - si - ti - ve.	Tym - pa - ni - ser.
Sep - tem - bri - seur.	Ty - po - gra - phe.
Si - gna - tu - re.	U - ni - ver - sel.
Sou - la - ge - ment.	U - su - ai - re.
Soup - çon - neu - se.	Va - ga - bon - de.
Sous - crip - ti - on.	Van - da - lis - me.
Sub - dé - lé - gué.	Vé - hé - men - ce.
Sub - ju - gue - ras.	Ven - ge - res - se.
Sub - ter - fu - ge.	Ven - tri - lo - que.
Sy - no - da - le.	Vic - tu - ail - les.
Sy - no - ny - me.	Vi - gou - reu - se.
Ta - bla - tu - re.	Ving - tiè - me - ment.
Tam - bou - ri - ner.	Voi - si - na - ge.
Tan - pi - niè - re.	Vul - gai - re - ment
Tem - pé - ran - ce.	Zi - be - li - ne.

Leçons Faciles à Lire.

Première Leçon.

Antoine avait reçu de son Père un Pivoine, qui chantait à merveille. Peu de Tems après Antoine attrappa un Moineau. Ce Moineau ne chantait point; il ne faisait que crier pi, pi, pi, pi, pendant toute la journée. Il faut, dit Antoine, que je le mette tout près de mon Pivoine; peut-être apprendra-t-il à chanter aussi. Son Papa l'en dissuada: Mais il suivit sa tête et le fit. Le Moineau bien loin d'apprendre à chanter, gâta le chant du Pivoine, et tous deux ne firent bientôt que crier, pi, pi, pi, pi, du matin au soir.

Les bons Enfans doivent prêter l'oreille aux bonnes Leçons, qu'ils reçoivent de leurs Parens et Maîtres, et toujours éviter la compagnie des mechans; car, bien loin de corriger ceux-ci, il y a dix contre un à parier, qu'ils seront corrumpus eux-mêmes.

Seconde Leçon.

Il y avait un Garçon, nommé Jaques, qui n'aimait que trop à faire des choses inutiles et nuisibles. En se pro-

mę-

nant, il abattait toujours, avec un petit Bâton, les
tendres branches de jeunes Arbres fruitiers. Son Papa
ne pouvait comprendre qui faisait cela et il y fit veiller.
On trouva notre Jaques en action. Il fut châtié de cette
méchanceté. Mais disait-il, ce n'a point été moi seul:
d'autres Garçons de notre voisinage l'ont fait aussi. Il
reçut pour réponse: nous vous y avons trouvé et non
d'autres. Si vous l'avez vu faire à d'autres, vous auriez
dû le dire, mais non pas l'imiter.

Ne suivez jamais les sottises et les vices des autres;
car si l'on vous surprend une fois, vous êtes puni, non
seulement pour votre propre faute, mais encore pour
celles des autres.

Troisième Leçon.

Amélie était la plus aimable petite Fille qu'on puisse
voir; jamais elle n'était fâchée, jamais elle ne pleurait,
elle souriait continuellement et semblait ne vivre que
pour obliger tout le monde.

Quand la Servante venait l'éveiller, elle se levait; elle
avait soin de ne pas faire de bruit, parceque son Papa et sa Maman restaient un peu plus tard au lit que
les autres. Après que notre petite Amélie avait pris

le bon Dieu, elle prenait son livre, et étudiait un peu
la Leçon, que le Maître lui avait marquée la veille.
Après avoir étudié une heure, elle venait d'un air con-
tente demander son déjeuner. Jamais on ne l'entendait se
plaindre de ce qu'on lui avait donné pour déjeuner.

Quatrième Leçon.

Je n'ai pas besoin de vous dire que notre Amélie courait embrasser son Papa et sa Maman, dès qu'elle les
voyait levés, et qu'elle souhaitait le bonjour à toute la
Famille; elle était si bonne, que dire quelque chose d'a-
gréable était son plus grand plaisir.

Quand elle allait se promener avec sa Gouvernante,
ou avec ses Parens, si elle rencontrait un Pauvre, elle
lui offrait le peu dont elle pouvait disposer; et si elle
n'avait rien, elle le regardait au moins avec bonté, et
jamais elle ne revenait du Jardin, sans rapporter une fleur
pour sa Mère; elle savait que cela lui valait un baiser.

Cinquième Leçon.

Tant qu' Amélie avait quelque chose à faire, on ne la
voyait point jouer,

Elle disait, il faut que je me dépêche d'étudier ma leçon et d'achever ma tâche au bas, que je dois tricotter; j'aurai plus de tems à donner au plaisir. Quand elle avait commis une faute et qu'on la grondait, elle se taisait et tâchait de mieux faire.

Elle était d'une propreté ravissante; sa petite chambre était toujours parfaitement rangée, et elle pliait tous les soirs ses hardes, quand elle se déshabillait, et les mettait proprement au même endroit où elle avait coutume de les mettre. Jamais elle ne laissait traîner ses affaires; ses Livres n'avaient aucune tache, et son écriture n'était point barbouillée de gros vilains pâtés noirs.

Sixième Leçon.

Amélie se comportait à table avec la plus grande décence, attendait qu'on la servît, et ne se mêlait de la conversation qu'autant qu'on l'y engageait. Comme notre Amélie était assise à côté de son plus jeune Frère, elle veillait à ses besoins; lui coupait son Pain, sa Viande, pelait la Pomme ou la Poire, soutenait son Verre, quand il buvait, essuyait sa bouche et accompagnait ces soins de mots d'amitié et de caresses.

Septième Leçon.

Enfin, Amélie était si aimable, si douce, si complaisante et si soigneuse, qu'on ne la nommait généralement que la bonne petite Amélie, non seulement chez elle, mais aussi dans tout le voisinage; elle était aussi chérie de ses Parens, de ses Maîtres et de tous les Domestiques de la maison. — Nous conseillons à toutes les jeunes Demoiselles de son âge, de faire leurs efforts pour lui ressembler et pour mériter un surnom, aussi beau et aussi agréable que notre Amélie.

Huitième Leçon.

Un petit Garçon, nommé Arnold, courait et sautait tenant un Gâteau dans chaque main. Sa gaîté lui donnait la plus jolie figure du monde. En courant et en sautant, il rencontra un autre petit Garçon de son voisinage, nommé Jean, qui n'était pas si gai que lui.

Il était assis au pied d'un Perron et disait tout doucement: je n'ai pas encore déjeuné. Comment! dit Arnold, tu n'as pas encore déjeuné, Jean? Dit en s'arrêtant le petit Arnold joyeux — Oh! mon Dieu! mon Père n'a pas d'argent pour nous avoir du pain. Que tu es

mal-

malheureux, Jean! Je n'ai pas d'argent non plus; mais
si tu voulais un de mes Gateaux, cela te ferait attendre
ton déjeuner avec plus de patience, et en disant cela, il
présentait son Gateau.

Neuvième Leçon.

Notre petit malheureux Jean le reçut et l'eut croqué
en une minute. Arnold lui dit: vraiment! tu as bien
faim; tu mangeras encore bien l'autre Gâteau, et il le
donna de même. Vous remarquerez qu'Arnold venait de
recevoir ces deux Gâteaux, et qu'il n'espérait pas d'en
avoir d'autres. Il n'en eut pas moins de plaisir à les of-
frir; et quand il s'en alla il ne sautait plus, mais il
était encore plus satisfait que quand il était arrivé. Il
disait j'ai fait un peu de bien au Pauvre petit malheureux Jean.

Dixième Leçon.

Un certain Garçon se plaignait beaucoup, de ce qu'on
le contraignait de travailler, chaque jour à son instruc-
tion; il eut bien mieux aimé jouer et faire toutes ses
volontés.

Son Papa le mena un jour de Dimanche dans

un

un Bois voisin; et lui montra un Poirier et un Pommier sauvage, qui n'avait que des fruits gros comme des noix, et si verds qu'on ne pouvait les manger. Le Garçon demanda à son Papa, pourquoi cet arbre ne portait pas d'aussi belles Poires et Pommes, que les Arbres de la même espece, qui se trouvaient dans le Jardin chez-nous?

Onzième Leçon.

En voici la raison mon Garçon, répondit Papa, on a cultivé avec soin les Arbres de notre Jardin, et l'on a abandonné à eux mêmes ceux de cette Forêt, c'est là précisément ce qui arriverait de toi, si l'on ne cultivait pas ta jeune raison, tu serais comme ce Bois, tu ne produirais rien de bon, et tu paraîtrais un vrai Sauvage au milieu des Personnes bien élevées.

Douzième Leçon.

Guillaume courait un jour dans le Jardin après un Papillon pour l'attraper, et ne regardait pas devant lui, il tomba sur une partie de rames, que le Jardinier avait posées de coté, pour ramer les pois. Il eut par

(61)

... boîte à la tête. Son Papa le re-
... lui défend une chose avec trop d'em-
... qui n'a plus ... d'une prudence convena-
...ment l'objet de son désir, et tombe
... le malheur.

Treizième Leçon.

Un Moucheron, en se jouant aux rayons du Soleil,
... dans ... embuscade d'une Araignée. Il eut beau
...ter et bourdonner pour se dépêtrer. Ses efforts ne
... qu'à donner l'éveil au monstre, retiré dans un
... ... hideuse, bête courait sur ses fils
... du pauvre Moucheron. C'était fait de
... son Berger qui se reposait en ce lieu, et qui
... l'embarras de l'insecte, n'eut d'un seul coup de
... le filet, mit en fuite l'Araignée et rendu
... ... au Moucheron. Vous allez voir, que ce bien
... ne fut pas perdu.

Quatorzième Leçon.

... le calme des champs et la pelouse ...
... ..., le Berger s'étend de son long, ferme
l'œil

l'œil, et se livre au doux sommeil. Déja il jouissait des
plus beaux rêves, lorsqu'il sentit sur son bras la vive
piqûre d'un insecte. Il regarde et reconnait le Moucheron même, qu'il a sauvé de la mort. Ah misérable
Bête ! s'écria-t-il avec la plus grande indignation, est-
ce ainsi que tu reconnais mon bien fait ? au moins, tu
ne jouiras pas de ton ingratitude. En disant ces mots,
il lance sa main dans l'air, saisit le Moucheron et l'écra-
se sur le champ.

Quinzième Leçon.

A peine notre Berger a-t-il assouvi sa colère, qu'il
entend un long sifflment, il se tourne, et voit avec
horreur une grosse Couleuvre, qui se glissait auprès de
lui. La frayeur lui laisse cependant la liberté de fuir.
Mais lorsqu'il se fut un peu remis, il réflechit au ser-
vice que lui avait rendu le malheureux Moucheron :
sans lui, sans son avertissement, il eut été perdu.

Le Berger reconnut sa faute trop tard, il cherche la
dépouille du Moucheron, la recueillit avec douleur, la
considéra quelque tems et la déposa dans le sein de la
terre. C'était tout ce que le pauvre Berger pouvait faire pour réparer sa faute.

(61)

Seizième Leçon.

Un petit Garçon à qui ses Parens avaient la faiblesse de tout céder était devenu si exigeant, que le moindre refus le faisait entrer en fureur. Dès qu'il avait parlé, il fallait lui obéir, et jamais il ne demandait qu'avec hauteur et d'un ton le plus impérieux. Ce petit Garçon était alors détesté de tout le monde, excepté de sa Maman, qui était assez aveugle pour ne point s'appercevoir des défauts horribles, dont elle était cause.

Dix - septième Leçon.

Un jour, que ce petit Tyran avait été contrarié dans quelqu'un de ses desirs, il sortit tout furieux de la maison, suivant sa coutume. Un Chien qui le connaissait vint au devant de lui pour le carresser. Dans sa rage, le petit méchant Garçon le frappa du bâton qu'il tenait à la main. Un peu plus loin il rencontra un de ses Camarades d'école, le frappe de même, et fait, fuir tous les Enfans, comme s'il était une Bête dangereuse. Enfin il apperçoit un grand Chien de Boucher, qui dormait dans un Echope; il court sur lui, sans s'inquiéter du danger, le menace et déja lève le bâton. Mais le

Mâ-

Matin s'était éveillé, sauta sur lui et l'étrangla en une minute.

Dix-huitième Leçon.

J'ai là dans mon Jardin un petit Arbre, qui fleurit ravir tous les ans, et qui ne rapporte jamais de fruits, disait un Jardinier au Maître d'école du Village. Il ressemble, répondit le Maître d'école, à des Enfans, qui ont appris beaucoup de bonnes Leçons, et qui ne les mettent pas en pratique.

Dix-neuvième Leçon.

Un Mendiant s'addressa au fils d'un pauvre Journalier qu'il trouva assis devant sa porte, tenant un morceau de Pain de chaque main, et lui dit: Hélas! j'ai si faim cher Enfant! partagez avec moi votre Goûter, ne me donnez que la moitié du plus petit morceau de Pain que vous tenez: Et l'Enfant lui donna le plus gros morceau tout entier, et vit avec plaisir l'appétit dévorant de ce pauvre Mendiant. Celui-ci lui dit; avant de s'en aller, vous venez de rassasier un Indigent qui mourait presque de faim, et Dieu vous bénira, à cause de cette bonne action! Effectivement l'Enfant grandit et prospéra.

On voit, mes chers Enfans! que Dieu récompense souvent même ici bas, par les sages dispensations de la providence l'homme charitable et humain.

Vin

Vingtième Leçon.

Un jour qu'une Hirondelle vint au bord d'une Rivière pour prendre une petite béquetée de terre délayée. Un Sansonnet qui se trouvât là, se moqua d'elle, et lui demanda ce qu'elle voulait faire d'une charge si considérable. Elle lui répondit que c'était pour bâtir sa demeure. En ce cas, reprit-il, tu dois faire bien des voyages. J'expédie cette besogne là, un peu plus vite que toi; il ne me faut que quelques minutes pour me former un asile convenable. Je ne doute point, repliqua l'Hirondelle, que tu n'aies bientôt achevé ton travail, mais aussi tu ne fais qu'une bauge; tu te dépêches pour te rendeux livrer ensuite à la paresse, et moi, je travaille pour la commodité de ma Famille et la gloire de mon espèce. Les Hommes eux-mêmes admirent le Nid, que je construis sous leurs yeux. A-t-on jamais admiré cette besogne que tu expédies si rapidement? Je fais peu de choses à la fois, il est vrai, mais je mets du soin dans mon ouvrage, et je ne me repose point. Adieu! ce serait perdre mon tems, que de m'entretenir d'avantage avec toi.

ERRATA.

Page soixantième, Ligne, marqués, au lieu de marquées.

Bij den Boekdrukker en Boekverkooper O. J. van PAD-
DENBURG te Utrecht, is gedrukt en alom te bekomen:

Cazelles, nieuwe Engelsche Spraakkunst, ten dienste der Scholen,
door A. Kappelhoff, Schoolhouder te Amsterdam   *f* 1-5-:

——————— Nouvelle methode à l'usage de ceux qui veulent apprendre
la langue Françaife, corrigé et confiderablement augmenté par J. van
Lemmelen, neuviéme edition.   .   .   *f* o.11-:

Deze nieuwe is met meer dan duizend woorden vermeerderd; de
Declinatiën geheel verbeterd en op nieuw bewerkt. De Zamen-
fpraken over de gefchiedenis van ons Vaderland, als onvolledig,
geheel weggelaten en door andere van meer gewigt vervangen;
terwijl het Werkje zelve op extra fraai papier en met eene nieuwe Letter is gedrukt, veel beter dan eene der vorige uitgaven is
geweest.

Gemakkelijk en Aangenaam Onderwijs in de Beginfelen der Franfche
Taal, Zevende Druk; aanmerkelijk verbeterd en veel vermeerderd door J. van Bemmelen, Kostfchoolhouder te Leiden.
Met Twaalf Platen, of Twee Honderd Acht en Tachtig Afbeeldin-
gen. De prijs is   ·   ,   ·   .   *f* o-12-:

Cent Penfées d'une jeune Angfaife, en Anglais et Français, met eene
plaat en fraaije gekleurde kaart. Dit aangenaam en nuttig
werkje, waarvan niet meer dan 160 exemplaren voorhanden zijn,
en dat tot heden nooit minder dan voor 30 ftuivers is verkocht
geworden, zal thans voor 15 ftuivers te bekomen zijn.

Contes Moraux, par Mad. la Prince de Beaumont, 2 vol. 12.
In plaats van *f* 1-4-: thans voor 18 ftuivers.

Voor Schoolhouderen, mits zich in perfoon of bij brieven aan de
bovengemelde Uitgevers adresferende, zijn de bovengemelde
Schoolboeken tot nog veel minder prijzen te bekomen.

www.ingramcontent.com/pod-product-compliance
Lightning Source LLC
Chambersburg PA
CBHW051253030726
47595CB00003B/1224